Herausgegeben von
Christian Grünnagel
Herle-Christin Jessen
Anne Lübbers
Karen Saban

Band 4

EUGENIA ORTIZ GAMBETTA

Infortunios de Alonso Ramírez

Una autobiografía en colaboración

Universitätsverlag
WINTER
Heidelberg

Bibliografische Information der Deutschen Nationalbibliothek

Die Deutsche Nationalbibliothek verzeichnet diese Publikation in der Deutschen Nationalbibliografie; detaillierte bibliografische Daten sind im Internet über *http://dnb.d-nb.de* abrufbar.

UMSCHLAGMOTIV

Title: *Flavio Gioia of Amalfi discovering the Power of the Lodestone*,
plate 3 from *Nova Reperte New Discoveries*,
engraved by Philip Galle (1537–1612) c.1600.

ISBN 978-3-8253-6547-9

Imprimé en Allemagne · Printed in Germany
HeLix-Spirale: © Mariana España-Rivera
Druck: Memminger MedienCentrum, 87700 Memmingen

Gedruckt auf umweltfreundlichem, chlorfrei gebleichtem und alterungsbeständigem Papier

Den Verlag erreichen Sie im Internet unter:
www.winter-verlag.de

A
MARIA CLARA FRANCÉS:
ninguna vida
es un infortunio

INFORTUNIOS DE ALONSO RAMÍREZ, UNA AUTOBIOGRAFÍA EN COLABORACIÓN

Eugenia Ortiz Gambetta (Montevideo)

1 Introducción

Infortunios de Alonso Ramírez de Carlos de Sigüenza y Góngora, entre otras crónicas virreinales, es considerada una obra precursora de la narrativa hispanoamericana. Más allá de su origen legal y su función pragmática, el texto presenta ciertos recursos discursivos (composición, cuestión de autoría, estructuras retóricas y tipificación del pícaro) que han llamado la atención de la crítica literaria contemporánea. Entre los aspectos narrativos mencionados el más debatido ha sido su pertenencia genérica, ya que la riqueza del relato supera las condiciones habituales de una relación legal y despierta sugerentes perspectiva de análisis. Así, la propuesta de este trabajo es estudiar la complejidad discursiva de *Infortunios* según los estudios del 'life writing', en concreto, analizar las estructuras y los elementos paratextuales y extratextuales que me permitan considerarlo una 'autobiografía en colaboración',[1] concepto enunciado por Lejeune en su trabajo sobre los textos autobiográficos mediatizados.

El relato tiene un origen judicial. En 1690, en el Virreinato de Nueva España, un hombre oriundo de Puerto Rico se presenta al Virrey Conde

[1] Antes de desarrollar mi propuesta, debo aclarar que el texto de Sigüenza se podría insertar en la tradición crítica hispanoamericana de los estudios sobre la tipología genérica del testimonio y la novela-testimonio. Si bien estos enfoques han dado luz a textos complejos, donde también aparece la escritura mediatizada de un testimonio, considero que no resuelven del todo la lectura de esta obra, sobre todo, porque en este caso, no hay una intención mimético-realista del editor-entrevistador, tal como señala Elzibeta Sklodowska al definir esta forma discursiva. Cfr. *Testimonio hispanoamericano. Historia, teoría, poética*. New York: Peter Lang, 1992, p. 100.

de Galve con un caso: sus padecimientos como ayudante de una penitenciaría en Filipinas, su cautiverio en manos de piratas ingleses y, finalmente, las injusticias sufridas a manos de españoles durante su regreso a la ciudad de México. El marino buscaba con su relato apelar a la justicia virreinal por todas las desgracias vividas como servidor de la corona española y así conseguir un reconocimiento social y una ayuda económica. El Conde de Galve quiso que el relato oral de Alonso Ramírez se fijara por escrito y se desarrollara "en relación más difusa",[2] es decir, más extensamente, para lo que solicitó al cosmógrafo real, Carlos Sigüenza y Góngora, que tomara el testimonio oral y lo transcribiera.

De este modo, la finalidad de *Infortunios* era de carácter administrativo y el género discursivo al que pertenecía era el de relación, un tipo de informe legal con una retórica propia.[3] El lugar de la relación entre los géneros discursivos de la corona era preponderante. En el ámbito de la conquista y colonización americana, el monarca demandaba noticias acerca de los nuevos territorios adheridos al reino a través de esta clase de documentos, como una rendición de cuentas de la confianza, la inversión económica y la autoridad delegada a los conquistadores, adelantados y gobernantes. También era el tipo de medio por el cual toda persona podía apelar, solicitar favores y lograr la compasión de la autoridad. Quienes no sabían escribir, como Alonso Ramírez, necesitaban del favor de un amanuense que pasara por escrito el testimonio, lo ordenara y dispusiera sus partes, tarea que implicaba una confianza del demandante en trascripción de su historia que no podía corregir o, de acceder a la versión letrada, corroborar las correcciones sugeridas.

[2] Carlos Sigüenza y Góngora: *Infortunios de Alonso Ramírez*, Las Palmas de Gran Canaria: Universidad de las Palmas de Gran Canaria, 2003. [ed. de Belén Castro y Alicia Llarena].p. 99.

[3] Cfr. Agustín Redondo: *Relación y crónica, relación y 'novela corta'. El texto en plena transformación*, en: Pedro Cátedra (ed.): *El libro antiguo español. El escrito en el Siglo Oro. Prácticas y representaciones*, Salamanca: Universidad de Salamanca 1999, p. 179.

2 *Infortunios* como autobiografía

En todos los estudios críticos sobre esta relación, publicados desde la segunda mitad del siglo XX, se desarrolla la cuestión genérica aunque sólo sea de manera secundaria. La causa de esto es que, en primer lugar, son llamativas las modalidades de la voz narrativa. El texto está enunciado en primera persona del singular y ese 'yo' coincide con el personaje central pero no con el firmante. Esta característica de la voz, sumada a la falta de datos sobre el protagonista, despertó inquietud y facilitó la identificación de este uso con un recurso ficcional. Un factor que apoyó esta idea fue la necesidad de encontrar relatos con estructura novelística como antecedentes de la narrativa decimonónica americana. En esta línea argumental, muchos críticos afirmaron que *Infortunios* se trataba de una obra de ficción, en un sentido estricto, por más abundantes que fueran los datos referenciales (nombres de autoridades civiles y religiosas, por ejemplo). La postura más difundida y repetida fue la de identificar el esquema de esta obra con el de las novelas picarescas.[4] Partiendo de este presupuesto, se consideró a Alonso como un "pícaro a

[4] Si bien es cierto que *Infortunios* presenta elementos afines a la picaresca, no son suficientes para enmarcarlo en tal género. Entre los autores que desarrollaron este tema, Casas de Faunce distingue los elementos de picaresca en la narración, pero también señala que la obra de Sigüenza "a pesar de las características técnicas pertenecientes al género, el elemento picaresco es puramente arquitectónico, ya que el libro carece de los siguientes elementos que lo ubicarían dentro del género estudiado: 1) se trata de un relato biográfico pero que no es exactamente una novela; 2) el protagonista no presenta las convicciones propias del pícaro: su visión espiritual y su sensibilidad no enfatizan los instintos primarios del individuo; 3) la narración no es reflejo de una galería satírica de tipos sociales; 4) el tono de la obra se mantiene dentro de la sobriedad más objetiva al alcance del narrador y falta la burla chistosa del autor que se propone moralizar divirtiendo" [María Casas de Faunce: *La novela picaresca, latinoamericana*, Madrid, Cupsa 1977,p. 25]. Sin embargo, hay otros autores que sí sostienen que se trata de un relato picaresco. Entre ellos se puede mencionar los trabajos de Aníbal González [*Los infortunios de Alonso Ramírez. Picaresca e historia*, en: *Hispanic Review* 51 (1983), pp. 189-204.], Julie Greer Jonson [*Picaresque elements in Carlos Sigüenza y Góngora's Los Infortunios de Alonso Ramírez*, en: *Hispania* 64/I (1981), pp. 60-67.], Idelfonso Pereda Valdés [*La novela picaresca y el pícaro en España y América*, Montevideo: O. Medina 1950] y María Cristiana Quiñónez-Gauggel [*Dos pícaros religiosos: Guzmán de Alfarache y Alonso Ramírez*, en: *Romances Notes* XXI (1980), pp. 92-96].

la inversa",[5] mientras que otros autores quisieron aclarar su ambigüedad genérica pero no arriesgaron propuestas contundentes.[6]

Desde hace quince años, sin embargo, la crítica empezó a identificarlo con un 'relato de vida' —eventualmente relacionado con la picaresca—, o con una novela-testimonio, pero nunca se lo consideró 'autobiografía'. Las denominaciones más cercanas a esta clasificación genérica fueron la de seudo-autobiografía[7] o "máscara autobiográfica",[8] todas ellas definiciones que marcan el carácter complejo del texto. Hay quien asegura que la relación se produjo en co-autoría, siendo ésta, según mi parecer, la más acertada de las sugerencias, aunque implique la cuestión inquietante sobre lo fidedigno de la trascripción y la desigualdad de categorías en la que se encontraban los dos autores.[9]

Por otro lado, se ha dudado mucho sobre la historicidad de la relación, a pesar de los documentos complementarios sobre la existencia legal del marino y su entrevista con el virrey. Entre los críticos que analizaron el tema, Antonio Lorente Medina zanja la cuestión determi-

[5] Cfr. Raquel Chang-Rodríguez, *La transgresión de la picaresca*, en: *Violencia y subversión en la prosa colonial hispanoamericana. Siglos XVI y XVII*, Madrid: Porrúa Turanzas 1982, pp. 92, y Raúl Castagnino: *Carlos de Sigüenza y Góngora, la picaresca a la inversa*, en: *Escritos hispanoamericanos desde otros ángulos de simpatía*, Buenos Aires: Nova 1971, p.100.

[6] En este grupo se encuentra el interesante trabajo preliminar de la edición que manejamos. En él, Belén Castro y Alicia Llerena hacen un recorrido por las diversas recepciones de la obra y el desarrollo de las posibles tipografías genéricas en las que puede insertarse. Este repaso es muy valioso, pero considero que se dejan muchos cabos sueltos al hacer definiciones que se contradicen. Quien también plantea la ambigüedad del texto es Sacido Romero, que define a la obra como un "producto híbrido e inclasificable dentro de los patrones de los géneros poéticos e históricos" [Alberto Sacido Romero, *La ambigüedad genérica de los Infortunios de Alonso Ramírez como producto de la dialéctica entre discurso oral y discurso escrito*, en: *Bulletin Hispanique* 94 (1992), p. 119]. A pesar del interesante aporte sobre la oralidad y la escritura, Sacido concluye el artículo proponiendo la dialéctica invencible entre historia y ficción.

[7] Carmen de Mora: *Escritura e identidad criolla. Escritura e identidad criollas. Modalidades discursivas en la prosa hispanoamericana del siglo XVII*, Amsterdam/New York: Rodopi 2001, pp 328.329.

[8] Mabel Moraña: *Máscara autobiográfica y conciencia criolla*, en: *Viaje al silencio. Exploraciones del discurso barroco*, México, Facultad de Filosofía y Letras UNAM 1998, p. 219.

[9] Sacido Romero, *La ambigüedad genérica*, p. 139.

nando que el carácter novelesco o literario del relato no debía anular su carácter referencial. *Infortunios* es un texto de su siglo, que surge como relato de hechos verdaderos "mediante formas discursivas tomadas de modelos metropolitanos literarios, religiosos, políticos",[10] en suma, es una relación que conjuga todos estos discursos y también la de un relato de vida.

Aunque el término 'autobiografía' nació con la Ilustración y adquirió fuerza como género en el romanticismo, también tuvo un desarrollo importante en Occidente con anterioridad. Si bien no compartían funcionalidad y contexto con las obras autorreferenciales posteriores al siglo XVIII, los géneros 'confesión' y 'vida' se cultivaron ampliamente incluso antes de Agustín de Hipona. Más tarde, durante el Siglo de Oro, existieron memorias e historias que conformaron grupos bien definidos: autobiografías de soldados,[11] vidas de monjas, relatos de cautivos y crónicas de viajes, muchos de estos, ligados a la ampliación del imperio español de ultramar.[12]

Ahora bien, si incluimos *Infortunios de Alonso Ramírez* en este grupo de textos autorreferenciales, nos salta a la vista una notable particularidad. Para empezar, en la mayoría de las autobiografías tradicionales se solía dar una natural identificación entre la voz del narrador, el personaje de la historia y el autor a quien estaba atribuido el texto, pero esto no sucede en *Infortunios*. La complejidad de esta autoría compartida y sus consecuencias se descifran en el análisis de los paratextos, de los componentes de oralidad y escritura, y de la relación entre escritor y modelo.

[10] Antonio Lorente Medina: *La prosa de Sigüenza y Góngora y la formación de la conciencia criolla mexicana*, Madrid, Fondo de Cultura Económica 1996, p. 341.

[11] Cfr. José M. de Cossío (ed.): *Autobiografías de soldados (siglo XVII)*, Madrid, Atlas 1956. En este ejemplar aparecen *Vida y trabajos de Jerónimo de Pasamonte, Vida del Capitán Alonso de Contreras, Memorias de D. Diego Duque de Estrada y Vida de Miguel de Castro*.

[12] En el ámbito americano, los relatos de vida son inaugurados por el *Diario* del Almirante Cristóbal Colón, las *Cartas* de Hernán Cortés y, sobre todo, por *Naufragios* de Álvar Núñez Cabeza de Vaca, *Historia verdadera de la conquista de Nueva España* de Bernal Díaz del Castillo y *El cautiverio feliz* de Francisco Núñez de Pineda y Bascuñán. Estos últimos tienen formato de relación, poseen un componente subjetivo y su intención es testimonial, apelativa e informativa.

3 Rastros de la pluma: los elementos paratextuales.

Los paratextos de *Infortunios* tienen mucho valor por los datos que aportan sobre el contexto de su publicación. El título, la dedicatoria, la aprobación, los nombres de los capítulos y las notas aportan indicios importantes para comprender los conceptos de autoría e identidad del redactor (Sigüenza) y del modelo (Ramírez).[13] El título original de la obra nos devela el papel y la función del redactor:

> Infortunios/que/Alonso Ramírez/natural de la ciudad de S. Juan/de Puerto Rico/padeció, así en poder de ingleses piratas que lo apresaron/en las islas Filipinas/ como navegando por sí solo, y sin derrota, hasta/varar en las costas de Yucatán:/consiguiendo por este medio dar vuelta al Mundo./Descríbelos/ D. Carlos de Sigüenza y Góngora,/cosmógrafo y catedrático de matemáticas/del Rey N. Señor en la Academia Mexicana.[14]

En primer lugar, redactor y modelo están nombrados en el título extenso. A diferencia del resto del texto, aquí la voz que enuncia está en tercera persona, característica que se le puede atribuir a un editor. Sin embargo, en el título se valoran dos aspectos: un resumen de los avatares sufridos por el marino y la aclaración de la función de Sigüenza en la obra. El verbo empleado es 'describir', es decir, "referir alguna cosa menudamente y con todas sus circunstancias y partes, representándola con las palabras como si la dibujara",[15] de forma tal que desde el título se lo sitúa a Ramírez como protagonista de las aventuras y a su amanuense, como vicario de su palabra y presentador de los hechos.

En la dedicatoria, Sigüenza amplía la información. La manera de dirigirse a su protector, el virrey, la referencia a una de sus obras recién publicada bajo el auspicio de esta autoridad, *Libra astronómica y filosófica*, las circunstancias del presente del relato y la firma final definen la posición del amanuense frente a su superior y al trabajo asignado. Alonso Ramírez le había relatado sus infortunios al virrey "en

[13] Para más detalles sobre los paratextos en las obras barrocas véase José Simón Díaz: *El libro antiguo español. Análisis de su estructura*, Kassel, Reichenberger 1983.

[14] Modernicé ortografía y agregué puntuación correspondiente.

[15] Cfr. *Diccionario de Autoridades,* Madrid, Gredos 2002. pp. 142-143.

compendio";[16] su historia parece haberle agradado al monarca, tal como Sigüenza señala: "le dio Vuestra Excelencia gratos oídos"[17] y por eso le pidió a su cosmógrafo que lo convirtiera en texto. En la cultura novohispánica, la supremacía de la palabra escrita marcaba esa línea invisible que separaba a los que pertenecían a la 'alta cultura' de los que no. Así, la oralidad tenía una presencia fuerte pero era considerada débil por parte de los valores dominantes y la información que provenía de aquélla debía traducirse en escritura para poder ser aprehendida por la vista y la imaginación. La historia del marino analfabeto debía cobrar consistencia si quería producir el efecto buscado.

No falta en esta obra la aprobación a cargo de un canónigo que implicaba el visto bueno de la censura. En este caso, el censor Francisco Ayerra Santa María alaba muchísimo la redacción de Sigüenza y dice que Alonso había tenido doble gloria al conseguir recompensa de sus males y al tener tan ilustre descriptor. Sigüenza, dice, le dio forma al embrión de su relato gracias a "lo aliñado de sus discursos".[18] También insiste en la preeminencia de lo escrito sobre lo oral, la necesidad de que algo quede por escrito, "pues esto reducido a escritura conserva y aquello con la vicisitud del tiempo se olvida".[19]

Al comenzar el capítulo primero, las voces se acomodan. Interviene de nuevo el editor en los títulos de los capítulos en tercera persona: "Motivos que tuvo para salir de su patria. Ocupaciones y viajes que hizo por Nueva España",[20] pero en el resto del texto, Sigüenza asume coherentemente la voz de Ramírez. A su vez, el redactor hace aclaraciones en notas al pie de ciertos topónimos y, de este modo, mantiene la verosimilitud de la primera persona. Incluso lo hace en la escena en que el modelo se encuentra con su redactor, remitiendo al recurso contemporáneo del personaje en busca de su autor o a la técnica periodística de la relación de sucesos ajenos:[21] "Mandóme [el virrey] (o por afecto con

[16] Sigüenza y Góngora: *Infortunios*, p. 99.
[17] Ibid., p. 99.
[18] Ibid., p. 101
[19] Ibid., p. 101.
[20] Ibid., p. 103. Sobre la relación de la memoria y la condición lineal y estable de la escritura frente a lo oral como acontecimiento que se diluye, véase Walter Ong: *Oralidad y escritura. Tecnologías de la palabra*, México, Fondo de Cultura Económica, 1996, pp. 40-42.
[21] Cfr. David Lagmanovich: *Para una caracterización de Infortunios de Alonso Ramírez*, en: Cedomil Goic (ed.): *Historia y crítica de la literatura*

que lo mira o quizás porque, estando enfermo, divirtiese sus males con la noticia que yo le daría de los muchos míos) fuese a visitar a Don Carlos". De este modo, los paratextos reflejan la ambigüedad de la autoría y las intenciones de su edición aportan datos sobre la enunciación del texto y generan un espacio particular donde se manifiesta la relación modelo/relator.[22]

4 'Autobiografía en colaboración': encuentro entre oralidad y escritura

Partiendo del concepto de género como institución, como modelo de lectura,[23] Philippe Lejeune, en su artículo "La autobiografía de los que no escriben", plantea las bases teóricas de las 'autobiografías en colaboración'. Comienza su estudio con la vinculación entre escritura y poder: "escribir y publicar el relato de la propia vida ha sido durante mucho tiempo, y sigue siendo, en amplia medida, un privilegio reservado a los miembros de las clases dominantes".[24] Este texto, que apareció originalmente en 1980 en el libro *Je est un autre: l'autobiographie de la litterature aux medias*, surgió de la consideración de muchos trabajos de escritura autobiográfica a cargo de etnólogos, sociólogos y lingüistas, que se publicaron en Francia alrededor de los años sesenta. La labor de los académicos consistía en grabar con magnetófono testimonios de vidas de obreros, campesinos y artesanos y luego, transcribirlos y publicarlos. Ante este fenómeno, Lejeune consideró que su teoría sobre la autobiografía necesitaba ciertas acomodaciones. La

hispanoamericana. Vol. 1, Madrid: Crítica 1988, pp. 411-416, y Matías Barchino: *Relato de un náufrago de García Márquez y la primera narrativa hispanoamericana,* en: Túa Blesa (ed.): *Quinientos años de soledad. Actas del congreso "Gabriel García Márquez"*, Zaragoza, Anexos de Tropelías 1997, pp. 385-394.

[22] Para Mora "el responsable de la Aprobación distingue muy bien entre el sujeto de los *Infortunios* y el autor de la obra" [*Escritura e identidad criolla*, p. 325]. Con esto, y sobre todo mediante la atribución picaresca del texto, justifica que no puede existir la co-autoría.

[23] Cfr. Tzvetan Todorov, *El origen de los géneros*, en: *Teoría de los géneros literarios*, Madrid, Arco 1988, p.36.

[24] Cfr. Philippe Lejeune: *El pacto autobiográfico*, Madrid, Megazul-Endymion 1994, p.313.

complejidad de sujetos implicados en esos trabajos lo llevaron a formular preguntas sobre qué es un autor, quién era el autor en ese tipo de relatos y qué relación había entre el poder de la palabra y las clases sociales. Lejeune señala que la autobiografía en colaboración es un texto en el que se encuentran la oralidad y la escritura. Lo que originan estos relatos mediatizados es "una entrevista semidirigida en la que el entrevistador, a la vez que ha preparado una guía de preguntas, está atento a la lógica propia del discurso que suscita".[25] El diálogo se impone como el formato inicial y se respeta el ritmo del discurso del testimoniante, una impronta conciente en el proceso de escritura mencionado.

Pero la escritura en colaboración ya existía antes del auge de la entrevista como práctica periodística. Durante el barroco, por ejemplo, el porcentaje de analfabetismo era alto y, por lo tanto, recurrir a un letrado solía ser habitual. Por entonces, cualquier comerciante o campesino podía solicitar ayuda a un escribiente en caso de necesidad jurídica.[26] Así, el entrecruzamiento de voces (la del demandante y la del intermediario) estaba a la orden del día y el resultado de este contrato era un discurso heterogéneo cuya condición mixta no despertaba ninguna sospecha.

Sigüenza y Góngora había trabajado ya con una técnica similar en *Parayso occidental*, una crónica religiosa en la que recoge las vidas de algunas fundadoras del convento Jesús María de México. La mayoría de estos textos son biografías tradicionales pero hay uno que está escrito en primera persona: la vida de la Madre Inés de la Cruz. En la introducción a este relato de vida, el autor (identificado como el cosmógrafo) comenta su elaboración:

> Y como quiera que por no ser éste mi especialísimo asunto debiera ceñirme a un compendioso epitome (...) quiso Dios (...) poniendo en mis manos una brevísima relación en que la misma V. M. Inés de la Cruz le dio cuenta de su conciencia a su confesor, que es la que se sigue, copiada del original que se conserva en el archivo (...): con advertencia de ser mías algunas palabras que se añadieron, o porque se necesitaban en el contexto o porque, para necesarias noticias, las juzgué precisas,

[25] Ibid., p. 372.

[26] Cfr. Raquel Chang-Rodríguez: *La transgresión de la picaresca*, p. 89.

> omitiéndose también algunas en otras partes por ser inexcusablemente necesario.[27]

Como revela Sigüenza, la escritura de este relato había sido intervenida, ya que se construyó en los pilares de un transvase entre un testimonio escrito a otro, con agregados oportunos. Esta nota sobre la autobiografía de la Madre Inés es sugerente si la ponemos en relación con la autobiografía de Alonso. Podríamos pensar que también en el texto del marino el redactor sólo ordenó el material y su intención fue contaminar lo menos posible el testimonio. Por su parte, Alonso había contado su historia más de una vez: primero, a un hombre en Yucatán;[28] después, a los paisanos de las ciudades de Tila y Mérida; en tercer lugar, a algunas autoridades locales y, por último, al virrey.[29] La repetición de su historia sugiere que el marino había reelaborado lo sucedido una y otra vez, y así le daba un nuevo significado, porque cada interlocutor iba escuchando una versión aumentada de la historia. Las múltiples reelaboraciones facilitaron sin duda la escritura posterior del amanuense.

Pero, ¿hasta dónde se reproduce la voz de Ramírez y cuándo interviene el letrado? Esta es una cuestión difícil de delimitar, sobre todo porque tenemos muchas fuentes del discurso del cosmógrafo pero pocas o ninguna del marino. Pero además de tener en cuenta la conjunción de discursos, hay que considerar los vacíos, lo no dicho o lo sobreentendido de aquella conversación, tal como sostiene Sanders: "In order to construct effective analytic paradigms critics must read for the silences, the fissures, for disjuncture and the moments of upheaval the method of composition necessarily creates".[30] Para darse una idea del diálogo entre redactor y modelo hay que tener en cuenta datos no verbales como gestos, modismos y giros propios de la oralidad que se perdieron al pasar a la escritura o que dejaron huellas muy sutiles, como veremos más

[27] Carlos de Sigüenza y Góngora: *Parayso occidental plantado y cultivado por la liberal benéfica mano de los muy catholicos y poderosos reyes de España, nuestro señores en su magnifico real convento de Jesús María de México*, México, Facultad de Filosofía y Letras UNAM, 1995. p. 129b.

[28] Sigüenza y Góngora, *Infortunios,* p. 141.

[29] Ibid., pp. 145, 146 y 148.

[30] Mark Sanders: *Theorizing the Collaborative Self: The Dynamics of Contour and Content in the Dictated Autobiography*, en: *New Literary History* 25 (1994), p. 446.

adelante.[31] No hay que perder de vista que, además, la presencia de dos discursos implica dos modos de conocer y transmitir experiencias.[32]

En el caso de esta relación no se borran las huellas del redactor como en otras obras en colaboración. El que escribe no se preocupa por anular la distancia, no se mimetiza con el estilo del modelo como podría suceder en un escrito testimonial actual. Por el contrario,

> En el caso de *Infortunios*, el estilo de Sigüenza autor choca constantemente con el estilo del co-autor, ya que, en vez de hacer uso de la ironía como única vía para indicar su auténtica postura moral ideológica (...) utiliza (...) un discurso elevado y científico para apuntar comentarios y adiciones, de acuerdo con el papel de "descriptor".[33]

En suma, en la elaboración textual el redactor no intenta conseguir un lenguaje homogéneo porque no lo considera necesario,[34] y a pesar de ser un texto mediatizado, se pueden reconocer las 'zonas de contacto' e identificar los rastros de Alonso Ramírez en la narración, sobre todo en los diálogos. Aunque no son abundantes, en ellos se nota una mayor expresividad y se refleja la dimensión oral del documento. La mayoría de las veces se introducen de forma indirecta, pero cuando la intervención de Alonso es más activa y trata con pares, los diálogos se reproducen directamente. Por ejemplo, cuando un hombre se hace pasar por su amigo y quiere comprar al esclavo del marino, Pedro, el diálogo es extenso e incluye expresiones como "vaya con Dios" o "no soy tan simple".[35] Esta presencia de diálogos se relaciona con la estructura total de la obra ya que desde el comienzo hasta el cautiverio con los piratas,

[31] Ibid., p. 447.

[32] Cfr. Katleen Mullen Sands: *Collaboration or Colonialism: Text and Process in Native American Women's Autobiographies*, en: *MELUS* 22.4 (1997), pp. 39-59.

[33] Sacido Romero: *La ambigüedad genérica*, p. 131.

[34] En las autobiografías en colaboración modernas también se da a veces un proceso similar, tal como lo afirma Goldman: "If we look more closely at the narrative of mediated texts, we can find the traces (...) of the speaker's insistence on maintaining her own status as author. Inequities of class, race, generation, and education aside, collaboration does not necessarily mean capitulation" [Anne GOLDMAN: *Is That What She Said? The Politics of Collaborative Autobiography*, en: *Cultural Critique* 25 (1993) p. 184.

[35] Carlos Sigüenza y Góngora: *Infortunios,* p. 145.

Alonso se asemeja más a una víctima que a un protagonista de su vida. A partir de la liberación, comienza a tener un papel más activo y esto también se refleja en lo discursivo.

Así, lo que aporta Sigüenza es el orden de la relación y los datos, comentarios y expresiones cultas que pone en boca de su modelo. A veces, los dos estilos comparten un mismo párrafo: "sin considerable trabajo, me puse en México. Lástima es grande el que no corran por el mundo grabadas a punta de diamante en láminas de oro las grandezas magníficas de tan soberbia ciudad. Borróse de mi memoria lo que de la Puebla aprendí".[36] El fugaz comentario del marino sobre su estancia en México es completado por su redactor con una alusión un tanto artificiosa sobre la ciudad y en la segunda oración, se da ese salto singular para comentar las lagunas de su memoria. También se pone en evidencia el desconocimiento de Ramírez de algunos datos que Sigüenza completa: "No se espante quien esto leyere de la ignorancia en que estábamos de aquellas islas, porque habiendo salido de mi patria de tan poca edad, nunca supe (ni cuidé de ello después) qué islas son".[37]

Por otro lado, los largos discursos de cuestiones técnicas sobre la navegación no se pueden atribuir solamente al académico. Si bien están relatados con mucha pericia, Alonso pudo haber explicado con detalle las maniobras hechas en alta mar.

5 De lo discursivo a lo social: la relación relator-modelo

Al estudiar autobiografías en colaboración es necesario tener en cuenta los discursos y lo no dicho, pero también las personas reales que interactúan en estos textos. Como afirma Duyer: "mere participation (...) inevitable locates the Self culturally as the "outsider" intruding on the Other's terrain, and historically as a representative of a society that has a prior history of intrusion".[38] Para analizar la primera persona narrativa (y con esto, el pacto) hay que reconocer la historia que hay detrás y el dinamismo que ésta implica.

En esta relación judicial, lo oral se identifica con lo no-alfabetizado y lo escrito con lo letrado. Sigüenza y Ramírez, además de trabajar en

[36] Ibid., p. 105.
[37] Ibid., p. 131.
[38] Cfr. Goldman: *It what she said?*, p. 180.

conjunto en la elaboración de un documento, son representantes de dos sectores de la sociedad colonial. Los dos forman parte de esa realidad criolla incipiente y novedosa. El lugar de Sigüenza en la sociedad virreinal era excepcional ya que su familia española pertenecía a una clase privilegiada de México. Alonso Ramírez, por su parte, provenía de Puerto Rico, una periferia del virreinato que había perdido importancia frente al centralismo de la capital novohispana. Al comienzo de la relación, Alonso recuerda que su familia había vivido muchas adversidades: "Entre los que ésta [la pobreza] había tomado muy a su cargo fueron mis padres, y si así era fuerza que hubiera sido porque no lo merecían sus procederes, pero ya es pensión de las Indias el que así sea".[39] La situación pésima de su origen había motivado la salida, una aventura cuya finalidad era la prosperidad económica y social: "determiné hurtarle el cuerpo a mi misma patria para buscar en las ajenas más conveniencia".[40]

Si bien la relación Sigüenza-Ramírez podría ser analizada según los paradigmas de autoridad, poder y marginalidad, es preciso matizar dichos conceptos en función de una mayor riqueza de lectura.[41] Se podría hablar de usurpación por parte de Sigüenza de la voz de Alonso, de alteridad y hegemonía occidental, pero hay que recordar que es el marino el que busca el sistema institucional para salir de su situación. Y no sólo él sino también Sigüenza lo utiliza, ya que aprovecha la ocasión para hacer un reclamo al virrey, al poner en boca del modelo que sus títulos (catedrático, cosmógrafo, capellán): "suenan a mucho, y valen muy poco, y a cuyo ejercicio le empeña más la reputación que la conveniencia".[42] Esta autorreferencia del redactor pone en evidencia las carencias del imperio y permite, más allá de una lectura según la dialéctica del poder, el paralelismo entre ambos individuos: los dos criollos exigen una mejora de su posición en aquella sociedad.

[39] Sigüenza y Góngora: *Infortunios,* p. 104.
[40] Ibid., p. 104.
[41] Para Mabel Moraña, el paso de su discurso a otro es una nueva alteración que sufre Alonso Ramírez e, incluso, sostiene que hay una apropiación de la voz del marginado por el letrado para hacer ficción [Mabel Moraña: *Máscara autobiográfica*, p. 219]. Como ella, otros críticos insisten en que al cambiar los modos de expresión del marino por otros legitimados por la cultura hegemónica, se produce una nueva enajenación de Alonso, una suerte de nuevo cautiverio cultural.
[42] Sigüenza y Góngora: *Infortunios*, p. 148.

Para Lejeune, en las autobiografías en colaboración estudiadas, el redactor

> se presenta como un mediador entre dos mundos, casi como un explorador. Tiene que indicar su presencia, y adopta la categoría de pleno derecho, con el prestigio social y las ventajas financieras que ello conlleva. El nombre del modelo aparece por lo general en el título, y si el redactor no acapara toda la firma para sí, sino que la comparte, es un detalle o generosidad de su parte.[43]

Aunque la importancia de la firma del modelo era relevante para *Infortunios*, hay que tener en cuenta los beneficios recibidos por el redactor. Sigüenza había cobrado por este trabajo y gracias a él, había obtenido prestigio y más aún, un nombre en la historia cultural de la colonia. Si nos guiamos por una lectura estricta de dialéctica autoridad/poder, aquél que pertenecía a la esfera social más alta había sacado partido de las desgracias de un pobre hombre. Sin embargo, ambos consiguen sus objetivos: uno, cumplir con un encargo (que le daría más trascendencia de lo esperado); el otro, que se hiciera justicia, pues que un hombre como Alonso Ramírez tuviera voz en aquella sociedad y que su historia fuese conocida, era en sí mismo un caso de particular valoración y reconocimiento de sus penalidades, además del beneficio económico estipulado.

Ahora bien, hay que ver cómo se cumple el pacto autobiográfico cuando hay dos voces detrás de la primera persona. A veces, señala Lejeune, el prefacio o las palabras preliminares tienen la función de pacto al mencionar la existencia del modelo y del relator.[44] Otras veces, en la escucha del escritor y de su retransmisión, el modelo se dirige a sus lectores y así se produce otro tipo de contrato implícito. En último lugar, hay un tercer pacto que justifica esa situación especial y que sostiene los otros: el 'etnográfico', es decir, la convención de que el modelo no pertenece al mundo de la escritura y que, por esto, necesita un intermediario.[45] De esta manera, en el pacto autobiográfico de un relato en colaboración "ya no se trata de una figura de enunciación interna al texto (…), sino de una disposición de contrato, a medio camino entre el

[43] Lejeune: *El pacto autobiográfico*, p. 335.
[44] Lejeune: *El pacto autobiográfico, Ibid.*, p. 401.
[45] Ibid., p. 401.

contrato ficticio que rige una novela en primera persona y el contrato referencial que introduce un discurso referido".[46] Por consiguiente, en *Infortunios* se mantiene la coherencia interna y, a efectos de la recepción, el pacto no es alterado.[47]

6 El 'yo autobiográfico': voz y cuerpo del modelo

La mayoría de los estudios sobre género autobiográfico trabajan sobre obras modernas y posmodernas. Aunque en una primera instancia no hay impedimentos para aplicar estas herramientas teóricas a *Infortunios*, al referirse al 'yo autobiográfico' debe hacerse consideraciones previas sobre el lugar del 'yo' en los escritos anteriores al romanticismo y las referencias sociales que lo enmarcan.[48]

Desde luego que hay muchos factores que, al margen de la época, inciden más o menos en la construcción de la persona que habla en el texto. En primer lugar, resulta necesario explicar de qué manera se concibe el 'yo autobiográfico' en *Infortunios*. Por un lado, Juárez Almendrós cree necesario plantear una variable en la definición del género autobiográfico dado por Lejeune porque "se manifiesta especialmente controvertida para estudiar este período ya que excluye la gran cantidad de narraciones anteriores al siglo XVIII que no se centran en el desarrollo de la personalidad".[49] Si bien supone que la singularidad de la condición humana y la historia lineal son concepciones implícitas en el surgimiento de la autobiografía, Juárez dice que en el Siglo de Oro la construcción del 'yo' se daba de otro modo. No había tanta tendencia hacia la autorreflexión, al examen y la interiorización sino más bien hacia la acción. Sobre todo, si de relatos de vidas masculinas se

[46] Ibid. p. 325.

[47] Sin adulterarse, el acuerdo narrativo admite acomodamientos porque es una estructura dinámica. Moraña no considera esta flexibilidad y hace referencia a este punto del contrato diciendo que en *Infortunios* hay una "particular utilización del yo narrativo, que retuerce y extrema las posibilidades del 'pacto autobiográfico'" [Moraña: *Máscara autobiográfica*, p. 213].

[48] Cfr. Claudio Maíz: *Para una poética del género autobiográfico. El problema de la intencionalidad*, en: *Géneros Narrativos. RILCE* 16.3 (2000), p.590.

[49] Encarnación Juárez Almendrós: *El cuerpo vestido, y la construcción de la identidad en las narrativas autobiográficas del Siglo de Oro*, Woodbridge: Támesis 2006, p.12.

trataba.[50] La identidad se delineaba "por otros medios diferentes al desarrollo de la personalidad íntima estipulados por Lejeune"[51] y por eso, insiste, para entender este tipo de individualidades debe incorporarse "un entendimiento de los discursos sociales y del contexto cultural".[52] En este tipo de textos, el enunciador está más ligado a lo social, a la relación con los otros y con un ser supremo.

En la relación de Alonso Ramírez se resaltan sus acciones pero también las motivaciones que las generan. Éstas, como sus reflexiones, muestran la imagen que tiene Alonso de sí mismo, algo que es susceptible de detectarse a pesar de la mediación textual.

El primer aspecto que caracteriza a Alonso es el deseo de ascensión social o la auto-superación. Mediante sintagmas como "se me ofrecía otro modo para ser rico",[53] "alguna mano para subir un poco",[54] "desengañado en el discurso de mi viaje de que jamás saldría de mi esfera",[55] se demuestran los deseos de mejorar del criollo y su creciente ambición económica. En el momento en que parece estar establecido en México, trabajando como ayudante del maestro Medina, casado con la hermana del deán de la Iglesia Metropolitana y por eso empadronado en la ciudad, su vida tambalea otra vez. Su esposa muere al año de la boda, Alonso emigra a Puebla y entonces comienza una sucesión de exilios: "Desesperé entonces de poder ser algo, y hallándome en el tribunal de mi propia conciencia, no sólo acusado sino convencido de inútil, quise darme por pena de este delito la que se da en México a los que son delincuentes, que es enviarles desterrados a las Filipinas".[56] Como forma de auto-castigo, Ramírez —solo y fracasado— se aplica el destino de los que violan la ley.

Pero la imagen que tiene Alonso de sí mismo va cambiando a lo largo del relato. Después de ser liberado por los piratas, junto con sus compañeros, comienza a tener un papel más protagónico y su liderazgo

[50] En su trabajo, Juárez Almendrós se refiere especialmente a las autobiografías de soldados y a la picaresca. No analiza los discursos de religiosas, donde lo que primaba era lo contemplativo y la intención ejemplar.
[51] Ibid., p. 14.
[52] Ibid., p. 15.
[53] Sigüenza y Góngora, *Infortunios*, p. 105.
[54] Ibid., p. 106.
[55] Ibid., p. 110.
[56] Ibid., p. 107.

se acentúa. No sólo tiene actitudes de protección y atención hacia sus colaboradores, sino también aparece como un gran hombre capaz de sacrificarse por ellos:

> Considerando el peligro en la dilación, haciendo fervorosos actos de contrición, y queriendo merecerle a Dios su misericordia sacrificándole mi vida por la de aquellos pobres, ciñéndome un cabo delgado para que lo fuesen largando, me arrojé al agua [...]; posponiendo mi riesgo al alivio y conveniencia de aquellos míseros, y [...] dándoles a los compañeros el aliento que yo más que ellos necesitaba, salí de allí.[57]

En estos fragmentos, que pertenecen al episodio en el que él y lo suyos naufragan en Yucatán, Alonso es el jefe de la expedición y trata de animar a sus compañeros para seguir adelante buscando ayuda en medio de los playones salobres cercanos a la costa:

> [...] respondieron a esta proposición con tan lastimeras voces y copiosas lágrimas, que me las sacaron de lo más tierno del corazón en mayor raudal. Abrazándose a mí me pedían con mil amores y ternuras que no les desamparase [...] quise, como padre que era de todos, darles mi bendición en sus postreras búsquedas.[58]

A diferencia de la actitud de culpabilidad con la que se va a Filipinas, es considerado por los suyos y por sí mismo como un hombre paternal y valiente cuando regresa a México.

Este 'yo autobiográfico' del relato se inserta muchas veces en un 'nosotros' que aparece en contraposición a un 'otros'. El 'nosotros' se refiere a los españoles o criollos, amigos y buenos católicos; los 'otros', a los piratas, ingleses, enemigos y 'herejes'. Pero esta dicotomía no permanece estática a lo largo de la relación. Entre los piratas hay un español que se ensaña con los criollos:

> [...] creo el que no hubieran sido tan malos como para nosotros lo fueron, si no estuviera con ellos un español que se preciaba de sevillano y se llamaba Miguel [...] haciendo gala de mostrarse impío, y

[57] Ibid., pp. 134-136.
[58] Ibid., p. 138.

> abandonando lo católico en que nació por vivir pirata y morir hereje. Acompañaba a los ingleses, y era esto para mí y para los míos lo más sensible cuando se ponían de fiesta, que eran las Pascuas de Navidad y los domingos del año, leyendo o rezando lo que ellos en sus propios libros.[59]

En contraposición, dos ingleses se apiadan de los españoles, sobre todo el condestable Nicpat, cuya conmiseración Alonso admira: "persuádome a que era el condestable católico sin duda alguna".[60]

Así como un español en el bando de los ingleses fue uno de los primeros desengaños del marino y su gente, hubo otras desilusiones al regresar a América. Al desembarcar en el Yucatán, conocieron a unos franceses a quienes recurrieron porque pensaron que por ser católicos los ayudarían. Mientras iban de camino con ellos, encontraron a unos indios y el jefe francés sugirió catequizarlos. Alonso se entusiasmó con la idea de que los aborígenes conocieran a Dios, pero más tarde se dio cuenta de que la intención del francés era sacar partido de sus riquezas y luego abandonarlos: "y desagradándome el que más se apeteciese el ámbar que la reducción de aquellos miserables gentiles al gremio de la Iglesia Católica, como insinuaron, no vine en ello".[61] Similar desilusión experimenta en Tila, cuando las autoridades les expropian lo que les quedaba.

En la formulación del 'yo autobiográfico', la enunciación de la dicotomía nosotros/los otros va cambiando dada la desilusión por el grupo de cristianos blancos. Entre los 'otros' no sólo se incluyen a los ingleses sino también a los habitantes de Madagascar,[62] quienes eran considerados peores que los piratas. Otro grupo, el de los aborígenes, permanece en la frontera entre el 'nosotros' y los 'otros': en el pueblo de Mérida, por ejemplo, en donde Alonso y sus hombres contaban sus desventuras, todos los escuchaban pero sólo los indios los socorrían con alimentos.[63] Alonso considera este gesto de humanidad y deplora a los que se divertían con sus relatos pero que no hacían nada para abastecerlos.

[59] Ibid., p. 129.
[60] Ibid., p. 123.
[61] Ibid., p. 142.
[62] Ibid., pp. 121-122.
[63] Ibid., p. 146.

En suma, las referencias autobiográficas aumentan y se delinean a lo largo del texto y ciertos rasgos de oralidad y reflexión nos acercan más a la voz y al cuerpo del marino que va tomando forma desde los sintagmas del cosmógrafo.

7 Conclusiones

Al considerar esta obra como un relato de vida y, de modo especial, como una 'autobiografía en colaboración', se distinguieron la imbricación de sus elementos paratextuales y los discursos implícitos. Esta aproximación teórica permitió distinguir al redactor y al modelo, y las marcas de la cultura oral y la letrada.

En contraste con las narraciones mediatizadas actuales, el origen de este texto no estaba relacionado con buscar la fama de Alonso, ni con un estudio etnográfico sobre su clase, ni con un deseo expreso de dejar sus memorias para la posteridad. Sin embargo, comparte muchas características con ellas y la principal es la relación implícita entre el relator y el modelo, situación de diferencia pero no de conflicto. Así, superada la lectura de la expropiación de la voz de un marginado por la cultura hegemónica letrada, se puede notar que en *Infortunios* se entrecruzan dos intenciones y dos personalidades: el marino y la solicitud de justicia a la autoridad civil, por un lado, y el cosmógrafo real y el reconocimiento de sus tareas, por el otro.

No hay un desarrollo introspectivo de la personalidad de Ramírez en el relato, pero se puede distinguir una construcción del 'yo autobiográfico' que evoluciona a lo largo de la relación, y esto se denota en los intercisos que deja el texto mediatizado. En relación a esto, también va cambiando el punto de vista de Ramírez sobre los extranjeros/no-católicos y sobre quienes compartían su origen y su fe. Así, la autocompasión del marino desgraciado se convierte, poco a poco, en un discurso de seguridad en sí mismo y reconocimiento de las propias fortalezas.

De esta manera, la obra se proyecta más allá de su función judicial porque involucra convivencia de clases sociales, modos de ver la realidad e, incluso, una crítica implícita a la sociedad virreinal y al poder imperial. El dinamismo propio de un relato autorreferencial surge como altorrelieve de la estructura genérica de la relación.

Por su riqueza narrativa y referencial, el relato de Alonso Ramírez y Carlos de Sigüenza y Góngora bien merece la atención que ha recibido. Sin duda, este texto autobiográfico es un eslabón valioso —aunque fortuito— para un estudio en perspectiva de la narrativa hispanoamericana.

Bibliografía

Fuentes

Carlos de Sigüenza y Góngora: *Parayso occidental plantado y cultivado por la liberal benéfica mano de los muy catholicos y poderosos reyes de España, nuestro señores en su magnifico real convento de Jesús María de México*, México, Facultad de Filosofía y Letras UNAM 1995.

—: *Infortunios de Alonso Ramírez*, Las Palmas de Gran Canaria, Universidad de las Palmas de Gran Canaria 2003. [ed. de Belén Castro y Alicia Llarena].

Literatura crítica

Matías Barchino: *Relato de un náufrago de García Márquez y la primera narrativa hispanoamericana*, en: Túa Blesa (ed.): *Quinientos años de soledad. Actas del congreso "Gabriel García Márquez"*. Zaragoza, Anexos de Tropelías 1997, pp. 385-394.

María Casas de Faunce: *La novela picaresca latinoamericana*, Madrid, Cupsa 1977.

Raúl Castagnino: *Carlos de Sigüenza y Góngora, la picaresca a la inversa*, en: *Escritos hispanoamericanos desde otros ángulos de simpatía*, Buenos Aires, Nova 1971, pp. 91-101.

Raquel Chang-Rodríguez: *La trasgresión de la picaresca en los Infortunios de Alonso Ramírez*, en: *Violencia y subversión en la prosa colonial hispanoamericana. Siglos XVI y XVII*, Madrid, Porrúa Turanzas 1982, pp. 85-109.

José M. de Cossío (ed.): *Autobiografías de soldados (siglo XVII)*, Madrid, Atlas 1956.

Diccionario de autoridades, Madrid, Gredos 2002.

Anne Goldman: *Is That What She Said? The Politics of Collaborative Autobiography*, en: *Cultural Critique* 25 (1993), pp. 177-204.

Aníbal González: *Los infortunios de Alonso Ramírez. Picaresca e historia*, en: *Hispanic Review* 51 (1983), pp. 189-204.

Julie Greer Jonson: *Picaresque elements in Carlos Sigüenza y Góngora's Los Infortunios de Alonso Ramírez*, en: *Hispania* 64/I (1981), pp. 60-67.

Encarnación Juárez Almendrós: *El cuerpo vestido y la construcción de la identidad en las narrativas autobiográficas del Siglo de Oro*, Woodbridge: Támesis 2006.

Philippe Lejeune: *El pacto autobiográfico y otros estudios*, Madrid, Megazul-Endymion 1994.

David Lagmanovich: *Para una caracterización de Infortunios de Alonso Ramírez*, en: Cedomil Goic (ed.): *Historia y crítica de la literatura hispanoamericana.* Vol. 1, Madrid, Crítica 1988, pp. 411-416.

Antonio Lorente Medina: *La prosa de Sigüenza y Góngora y la formación de la conciencia criolla mexicana*, Madrid, Fondo de Cultura Económica 1996, pp. 175-179.

Claudio Maíz: *Para una poética del género autobiográfico. El problema de la intencionalidad*, en: *Géneros Narrativos. RILCE* 16.3 (2000), pp. 585-606.

Carmen de Mora: *Escritura e identidad criollas. Modalidades discursivas en la prosa hispanoamericana del siglo XVII*, Amsterdam/New York, Rodopi 2001.

Mabel Moraña: *Máscara autobiográfica y conciencia criolla*, en: *Viaje al silencio. Exploraciones del discurso barroco*. México, Facultad de Filosofía y Letras UNAM 1998.

Kathleen Mullen Sands: *Collaboration or Colonialism: Text and Process in Native American Women's Autobiographies*, en: *MELUS* 22.4 (1997), pp. 39-59.

Walter Ong: *Oralidad y escritura. Tecnologías de la palabra*, México, Fondo de Cultura Económica, 1996.

Idelfonso Pereda Valdés: *La novela picaresca y el pícaro en España y América*, Montevideo, O. Medina 1950.

María Cristina Quiñónez-Gauggel: *Dos pícaros religiosos: Guzmán de Alfarache y Alonso Ramírez*, en: *Romances Notes* XXI (1980), pp. 92-96.

Agustín Redondo: *Relación y crónica, relación y 'novela corta'. El texto en plena transformación*, en: Pedro Cátedra (ed.), *El libro antiguo español. El escrito en el Siglo Oro. Prácticas y representaciones*, Salamanca, Universidad de Salamanca 1999, pp. 179-192.

Alberto Sacido Romero: *La ambigüedad genérica de los Infortunios de Alonso Ramírez como producto de la dialéctica entre discurso oral y discurso escrito*, en: *Bulletin Hispanique* 94 (1992), pp. 119-139.

Mark Sanders: *Theorizing the Collaborative Self: The Dynamics of Contour and Content in the Dictated Autobiography*, en: *New Literary History* 25 (1994), pp. 445-458.

José Simón Díaz: *El libro antiguo español. Análisis de su estructura*, Kassel, Reichenberger 1983.

Elzbieta Sklodowska: *Testimonio hispanoamericano. Historia, teoría, poética*, New York, Peter Lang 1992.

Tzvetan Todorov: *El origen de los géneros*, en: *Teoría de los géneros literarios*, Madrid: Arco 1988, pp. 31-48.